spot

NUESTRO SISTEMA SOL...

LA TIERRA

por Alissa Thielges

AMICUS

agua

montaña

Busca estas
palabras e imágenes
mientras lees:

satélite

luna

La Tierra es nuestro hogar.

Es un planeta.

Marte

La Tierra

Venus

Mercurio

Sol

Neptuno

Urano

Saturno

Júpiter

¿Ves el agua?

La necesitamos para vivir.

No se la encuentra en

ningún otro planeta.

agua

¿Ves la montaña?

Es la más alta de la Tierra.

La gente la escala.

montaña

¿Ves el satélite?

Viaja alrededor de la Tierra.

Sigue los cambios del planeta.

satélite

¿Ves la luna?

Está cerca de la Tierra.

Sobre ella han caminado

astronautas.

luna

sp●t

Publicado por Amicus Learning, un sello de Amicus
P.O. Box 227, Mankato, MN 56002
www.amicuspublishing.us

Library of Congress Cataloging-in-Publication Data
Names: Thielges, Alissa, 1995- author.
Title: La Tierra / por Alissa Thielges.
Other titles: Earth. Spanish
Description: Mankato, MN : Amicus, [2024] | Series: Spot.
   Nuestro sistema solar | Audience: Ages 4-7 | Audience:
   Grades K-1 | Summary: "Earth—home sweet home.
   Early readers discover what makes our planet unique
   from all the others in the universe. Simple, Spanish text
   and a search-and-find feature reinforce new science
   vocabulary in this North American Spanish translation"—
   Provided by publisher.
Identifiers: LCCN 2022049457 (print) | LCCN 2022049458
   (ebook) | ISBN 9781645495833 (library binding) |
   ISBN 9781681529073 (paperback) |
   ISBN 9781645496137 (ebook)
Subjects: LCSH: Earth (Planet)--Juvenile literature.
Classification: LCC QB631.4 .T45418 2024 (print) | LCC
   QB631.4 (ebook) | DDC 525—dc23/eng20230106
LC record available at https://lccn.loc.gov/2022049457
LC ebook record available at
   https://lccn.loc.gov/2022049458

Impreso en China

Rebecca Glaser, editora
Deb Miner, diseñador de la serie
Lori Bye, diseñador de libro
Omay Ayres, investigación fotográfica

Créditos de Imágenes: Flickr/NASA, cover;
Getty/ewg3D, 4-5; Shutterstock/Digital Photo
6-7, Jane Rix 14, Johan Swanepoel 10-11,
Klagyivik Viktor 12-13, Vixit 8-9 Vladi333, 3;
Wikimedia Commons/Joshua Stevens NASA
Earth Observatory, 1, 16

LA TIERRA